Ist es Mobbing,
wer ist das wahre Opfer,
oder
sind es andere
Aspekte?

Mobbing, diesen Begriff hört und liest man in der heutigen Generation sehr oft.

Was ist Mobbing, wie Entsteht es und wer ist nun wirklich das Opfer?

Ist es vielleicht die Person welche der Meinung ist, aus welchen Gründen auch immer dem anderem Menschen zu schaden?

Oder sind es rein Betriebliche- Zwischenmenschliche- oder Soziale Aspekte?

Lesen Sie die Hintergründe, welche mit am häufigsten die Auslöser von Mobbing sind, wenn es sich überhaupt um Mobbing handelt.

Diese Fragestellungen erkläre ich Ihnen um den Unterschied im / in

Betrieblichen Sinne
der Gruppendynamik
der Sozialisation
der Psychischen Störungen
der Konfliktarbeit

und anderen
Aspekten

zu betrachten.

Hallo und Willkommen in meinem kleinen Buch.

Jörg Bernhard

Ist es Mobbing,
wer ist das wahre Opfer,
oder
sind es andere
Aspekte?

Inhaltsverzeichnis

Mein Name ist Jörg Bernhard, ich wurde im November 1976 in Forchheim / Oberfranken geboren.

Nach erfolgreichem Hauptschulabschluss und der Ausbildung zum Industriemechaniker war ich einige Jahre in diesem Beruf tätig.

2005 wagte ich den Schritt zum Industriemeister Metall und war seit 2006 bis 2016 in der Ausbildungsbranche für Metallberufe tätig. Im Fernstudium erhöhte ich meinen Bildungsgrad zum technischen Betriebswirt.

Da ich in meiner Laufbahn mit sehr vielen unterschiedlichen Charakteren zu tun hatte, interessierte mich auch das innere Verhalten meiner Klienten und ich studierte zudem Praktische, Persönlichkeits- und Betriebspsychologie.

Was ist Mobbing

Definition

Mobbing oder Mobben steht im engeren Sinn für „Psychoterror am Arbeitsplatz mit dem Ziel, Betroffene aus dem Betrieb hinauszuekeln."Im weiteren Sinn bedeutet Mobbing, andere Menschen, in der Regel ständig bzw. wiederholt und regelmäßig, zu schikanieren, zu quälen und seelisch zu verletzen, beispielsweise in der Schule, am Arbeitsplatz, im Sportverein, im Altersheim, im Gefängnis und im Internet (Cyber-Mobbing). Typische Mobbinghandlungen sind die Verbreitung falscher Tatsachenbehauptungen, die Zuweisung sinnloser Arbeitsaufgaben, Gewaltandrohung, soziale Isolation oder ständige Kritik an der Arbeit.

Quelle: Wikipedia

Mobbing an sich

Mobbing ist ein Modewort so wie z.B. Coaching. Jeder versteht darunter etwas anderes. Es erinnert an das Wort Jogging: Ein amerikanischer Gesundheitsexperte empfahl im Fernsehen den alten und untrainierten Menschen statt des Laufes (engl. tu run; running) ein langsames Zotteln oder Trotten (engl. to jog; jogging). Dieses Joggen wurde dann in Deutschland bekannt. Durch einen Übersetzungsfehler sind die meisten Dauerläufer Deutschlands jetzt langsame Zottler und Trotter.

Mobbing ist teuer, gesundheitsschädlich und grausam. Durch einen „Übersetzungsfehler" kann aber auch jede Kommunikationsstörung oder Wahrnehmungsverzerrung zum „Mobbing" werden. Um normale Meinungsverschiedenheiten, Kommunikationsstörungen oder faire Konkurrenz davon zu trennen, ist es hilfreich, mit dem anscheinend gemobbten Folgendes zu klären:

- Was genau ist das beobachtete Verhalten?

- Was genau ist meine Bedeutungszuschreibung?

- Wie sehen das andere?

- Was lief in der Kommunikation bisher schief

- Wie sieht das aus der perspektive der Mobber aus?

Ein großer Teil der Mobbing-Fälle lässt sich bereits mit dieser Klärung als kleineres Problem erkennen. Der angeblich gemobbte entwickelt ab hier dann selbst schon die Fähigkeiten, sich aus der vermeintlichen Sackgasse zu befreien. Glücklicherweise sind bei einer Selbstfindung die meisten Mobbing-Probleme durch das Opfer schon selbst auflösbar.

Mobbing greift Ruf, Gesundheit, Leben, Wohlbefinden, materielle Sicherheit, berufliche Chancen, Besitz und Privatleben der Opfer an. Es ist schädlich für den wirtschaftlichen Erfolg der Organisation und verursacht volkwirtschaftlich enorme Schäden.

Wichtige Mobbing-Strategien sind unter anderem:

- Killergesten und Killerphrasen

- Behinderungsmacht:

Informationen zurückhalten, ausgrenzen, schweigen, das Wort verbieten, Selbstverantwortlichkeit und Sinn der Arbeit rauben, Feedback verweigern.

- Kommunikationsverzerrungen:

Unterschwellige Vorwürfe oder Botschaften, die auf einer oberflächlichen Sachebene getarnt vermittelt werden.

- Grenzverletzungen:

Verfügung über die Ressourcen des Opfers (Kraft, Fähigkeit, Zeit u. a.), Drohungen, Kränkungen, physischer Schaden an seinem Besitz oder am Arbeitsplatz, Demütigungen, sexuelle Belästigung.

- Gerüchte, Klatsch:

Das Bild einer Person entsteht nicht nur aus eigener Beobachtung, sondern zum großen Teil aus den Berichten anderer: "An den Gerüchten wird schon was dran sein." Beispiele für Gerüchte: psychisch Krank, vernachlässigt Frau/ Mann oder Kinder.

- Fehler zuschreiben:

  Dem Opfer werden Schwächen, Ängste oder Arbeitsfehler zugeschrieben.

- Informationen ausnutzen oder stehlen:

  Vertrauliche Informationen werden gegen das Opfer genutzt oder auch geraubt, und der Mobber nutzt diese selbst.

- Asymmetrie herstellen:

  Die Gleichheit des Mitarbeiterstatus wird verleugnet, das Opfer wird wie ein Kind behandelt.

Charakteristisch ist, dass die Mobber ihre Strategie wiederholen oder permanent anwenden. Diese Wiederholungen und der permanente Druck machen das Opfer verwirrt oder krank. Mobber sehen als Ursache für ihr Verhalten selten ein spezifisches Problem, Ihnen geht es häufiger um einen unterschwelligen Kampf, der von dumpfen und dummen Leitsätzen oder Gefühlen persönlicher Abneigung gesteuert wird.

Man könnte meinen, ein Geist der Dummheit treibe sie dabei an. Häufig sind jedoch eigene Ängste, familiäre oder systematische Verstrickungen die Ursache für ihr Handeln. Da in den wenigsten Mobbing-Systemen nach solchen Ursachen gefahndet wird, lassen wir die Dummheit einfach als Metapher für die eigentlichen Ursachen stehen.

Nach den Angaben des Deutschen Gewerkschaftsbundes gibt es Mobbing nicht nur von oben. Die Verusacher sind:

zu 44% Kollegen,   horizontal bullying

zu 37% Vorgesetzte,   bossing

zu 10% Kollegen und Vorgesetzte,

zu 9% Untergebene.   staffing

Gewöhnlich mobben Frauen Frauen und Männer Männer.

Gut ausgebildete Vorgesetzte werden schnell merken, wo die Schwachstellen liegen, welche das Mobbing ermöglichen.

Es gehört zur Fürsorgepflicht, Mobbing zu unterbinden. Das ist häufig sehr leicht, da wirklich böswillige Mobbing-Attacken selten sind. Meist machen sich die Verursacher keine Gedanken über die schlimmen Folgen ihrer Handlungen. Verletzender Klatsch, Tratsch, Gerüchte und jeder Ansatz von Mobbing sollten daher von Kollegen und Vorgesetzten durch mutiges und vorbildliches Auftreten unterbunden werden. Über die Auswirkungen destruktiver Kommunikation sollte Feedback gegeben werden.

Viele Vorgestetzte haben keine Kenntnisse auf diesem Gebiet. Einige von Ihnen mobben selber oder setzen Mobbing als destruktives Führungsinstrument bewusst und planmäßig ein oder dulden es, um Kündigungen zu erleichtern. Aus diesem Grunde müssen etwa 60 bis 70 % der Mobbing-Opfer ihren Kampf allein austragen. Durch den permanenten Druck werden viele von ihnen aggressiv, mürrisch und ängstlich.

Häufig werden sie vom System als Sündenbock gesehen und fühlen sich dann auch so. Dann stehen sie als Stellvertreter oder Repräsentant für das Problem ihres Systems.

Sollte hinter Mobbing tückische Bosheit, destruktive Gruppenverblendung oder kriminelle Energie stecken, benötigt das Opfer Rückendeckung durch Schlichtungs- und Beschwerdestellen oder durch den Betriebsrat, welcher aber durch das Thema oft selbst überfordert oder betriebsblind ist.

Sollte das Gefühl bestehen gemobbt zu werden, gibt es Fachanwälte für Arbeitsrecht (Infos bei der Anwaltskammer). Auch der Betriebsrat kennt meist wesentliche Gesetze, welche die Arbeitnehmer schützen sollen.

Betriebliche Aspekte

Betriebliche Probleme und soziale Konflikte

Arten Formen und Ursachen

Wo immer Menschen zusammenarbeiten, gibt es Konflikte. Konflikt bedeutet in erster Linie Zusammenstoß, wobei die Begriffe Konflikt und Konkurrenz teilweise synonym (gleichbedeutend) verwendet werden und als Gegensatz zur Kooperation angesehen werden.

Konflikte sind kein bedauerlicher und störender Unglücksfall, sondern eine selbstverständliche und unumgängliche Begleiterscheinung menschlichen Zusammenlebens. Die Frage „Wie lassen sich Konflikte vermeiden?" ist nicht richtig gestellt. Sie müsste lauten: „Wie gehen wir mit den Konflikten um?" Richtig verarbeitet, können Konflikte die Quelle für Innovation und kreative Ideen darstellen.

Wenn es keine Unterschiede in den Auffassungen, keinen Wettstreit der Ideen gäbe, dann würde jeder Betrieb im „gewohnten Trott" erstarren. Dennoch fällt den meisten Menschen beim Wort „Konflikt" eher Negatives ein: seelischer Stress, die Unmöglichkeit, mit dem anderen vernünftig zu sprechen, Belastungen des Betriebsklimas,

Ablenkung von der eigentlichen Aufgabe durch Sachfremdes.

Was ist ein sozialer Konflikt? Ist bereits jede Meinungsverschiedenheit ein Konflikt? Nein, zumindest so lange niemand versucht, dem anderen seine Meinung aufzuzwingen.

Erst wenn jemand durch sein Tun versucht, die Handlungsweise des anderen zu behindern oder gar unmöglich zu machen, wird aus dieser Situation ein Konflikt.

Welches sind nun aber die wesentlichen Bestimmungsmerkmale eines zwischenmenschlichen Konfliktes? „Konflikte sind Spannungssituationen, in der zwei oder mehrere Personen bzw. Parteien beteiligt sind, die

- unabhängig voneinander sind,

- mit Nachdruck versuchen, unvereinbare Handlungspläne zu verwirklichen und

- die sich dabei ihrer Gegnerschaft bewusst sind"

„Konflikte, die durch die Interaktionen mehrerer Personen zutage treten, bezeichnet man als soziale Konflikte oder Mehrpersonenkonflikte"
Im Hinblick auf das soziale Verhalten im Betrieb interessieren besonders

- die Konfliktursachen und Bedingungen,

- der Konfliktverlauf,

- die Verhaltensmuster der am Konflikt beteiligten Personen,

- die Konfliktwirkungen und

- die Möglichkeiten der Konflikthandhabung.

Die Forschung hat gezeigt, dass die Ursachen von Konflikten meist nicht primär in den beteiligten Personen liegen, in der Aggressivität des einen, der Unleidlichkeit des anderen, der Sturheit des Dritten oder der Unbeherrschbarkeit des Vierten. Selbstverständlich können solche Wesensmerkmale eines Menschen Konflikte nachhaltig beeinflussen. Im Betrieb entstehen jedoch Konflikte häufig durch die Gestaltung der äußeren Rahmenbedingungen.

Konflikte lassen sich durch eine Vielzahl von Merkmalsdimensionen unterscheiden:

- Ursachen/Potenziale

    1. Konflikttyp, z. B. bezüglich der Mittel, Ziele oder Fakten

    2. Konfliktparteien, z. B. Gruppen- oder Organisationskonflikte oder die Zahl der Beteiligten

- Verlauf

    1. Sichtbarkeit: unterschwelliger oder offen ausgetragener Konflikt

    2. Auftrittszeitpunkt: spontan oder in verschiedenen Phasen entstanden

    3. Auftrittshäufigkeit: sporadisch (selten) bis häufig

    4. Konfliktintensität: schwache bis zu „kriegerischen" Konflikten

- Auswirkungen

1. Ergebnisse: bewältigter oder ungelöster Konflikt

2. Folgewirkungen: konstruktiver Wandel oder Fortsetzung des Konfliktes

Ursachen für betriebliche Probleme und soziale Konflikte können begründet sein durch:

1. Persönliche Reibungen,

die in persönlichen Spannungen und Antipathien zwischen verschiedenen Personen liegen oder durch unterschiedliche Persönlichkeitsmerkmale bei den Personen bedingt sind. Es sind also Gefühle und gestörte Beziehungen zu anderen im Spiel. Diese Spannungen bis hin zu offenen oder versteckten Feindseeligkeiten überlagern das eigene Denken und Tun, so dass die „normalen" Verhaltensweisen zunehmend eingeschränkt werden.

2. Probleme der Organisation

Hierzu zählen Unklarheiten einzelner Positionen bezüglich der hierarchischen Einordnung innerhalb der Betriebsstruktur (z. B. Unterstellungsverhältnisse) oder das Fehlen von Aufstiegsmöglichkeiten.

3. Technische Entwicklung

Bei der Einführung neuer Arbeitsmethoden der bei der Durchführung von Rationalisierungsmaßnahmen auftretende soziale und wirtschaftliche Konsequenzen können ebenso auslösende Faktoren sein.

4. Das Rationalitätsprinzip

Wenn der Betrieb ausschließlich als System zweckrationaler Art angesehen wird, d. h. alle Betriebsmittel unter Einschluss der Mitarbeiter als Mittel zum Zweck dem Erreichen der Betriebsziele nach Gewinnmaximierung aufgefasst werden, dann geht diese Betrachtungsweise an den Bedürfnissen der Menschen häufig vorbei. Denn die Mitarbeiter legen ihre privaten Wünsche und Emotionen nicht beim Betreten des Betriebsgeländes beim Pförtner ab. Wird auf diese Bedürfnisse und Gefühle im

Betrieb keine Rücksicht genommen, so entstehen zwangsläufig Konflikte, die vermeidbar sind.

5. Durch Einengung des Handlungsspielraums

treten ebenfalls häufig Konflikte auf. Wenn der Handlungsspielraum des einzelnen Mitarbeiters durch zu enge Vorschriften eingeengt wird, entsteht Widerstand. Die Betroffenen verstoßen gegen die Vorschriften und überziehen ihre Kompetenzen, was wiederum die Wahrer der Vorschriften auf den Plan ruft, woraus sich zwischenmenschliche und betriebliche Konflikte ergeben können.

6. Unklare Machtverhältnisse

führen ebenfalls zu Konfikten. In vielen Betrieben ist nicht immer eindeutig geklärt, wer auf bestimmten Feldern der Zusammenarbeit das letzte Wort hat. Zum Teil hat man vergessen, dies im Rahmen der Ablauforganisation festzulegen. Der betriebliche Konflikt wird als Machtkampf interpretiert. Zum Teil hat man auch absichtlich darauf verzichtet, weil man möchte, dass zwei Entscheidungsträger akute Konflikte bewusst austragen, damit die schließlich erarbeitete Lösung sich als neuer konstruktiver Weg erweist.

Konfliktverlauf

Konflikte haben bezüglich ihres Ablaufs ihre eigene Dynamik. Am Anfang des Konfliktprozesses stehen erwünschte Zustände, Absichten oder Pläne, deren Realisierung dazu führt, dass sich eine oder alle beteiligten Parteien beeinträchtigt fühlen. Das heißt, zwei Personen oder Gruppen bemerken, dass das, was sie jeweils verwirklichen wollen, daran scheitert, dass die andere Partei nicht „mitzieht". Es liegt also ein latenter Konflikt vor, wenn der Konflikt noch nicht beobachtbar oder offen wahrnehmbar ist. Ob dann tatsächlich ein Konflikt ausbricht und ausgetragen wird, hängt letztlich von weiteren Bedingungen ab.

Erste sachbezogene Gespräche führen zu keiner Einigung. Daraus ensteht Ärger. Der Übergang vom Konfliktpotenzial zum Konfliktverhalten wird von latenten Spannungen (Bedrohungspotenzial), einzelnen Persönlichkeitsmerkmalen, erwarteten Auswirkungen und den zur Verfügung stehenden Machtmitteln bestimmt. Die Beziehungsebene wird berührt, die Kommunikation mit den anderen wird in der Folge deutlich zurückgenommener oder im Tonfall aggressiver. Innerhalb der Gruppen schließt man sich enger zusammen, akzeptiert auch eher autoritäre Führung. Man spannt gewissermaßen die Muskeln. Man unterstellt Hinterhältigkeit oder böse Absichten und spricht darüber – aber nicht mit Ihnen.

Diese strategischen Erwägungen können dann zu einem manifesten (beobachtbaren) Konflikt führen. Der eigentliche Anlass des Konfliktes wird ausgeweitet. Kompromisse werden dadurch zunehmend schwerer.

Konfliktende

Wird dann der Konflikt beendet, z. B. durch das Eingreifen eines Mächtigen – z. B. durch einen übergeordneten Vorgesetzten – so kann man innerhalb der Gruppe zwischen den „Gewinnern" und den „Verlierern" unterschiedliche zwischenmenschliche Prozesse beobachten. die Gewinnergruppe wird stabilisiert; man „feiert" den Sieg und fühlt sich in seinen Auffassungen und Meinungen bestätigt. In der „Verlierergruppe" dagegen besteht die Tendenz zum Zerfall. Die zwischenmenschlichen Beziehungen lockern sich. Innerhalb der Gruppe wird nach Sündenböcken gesucht. Im positiven Fall werden - falls die Fähigkeit zur Selbstkritik ausgeprägt ist – Lernprozesse eingeleitet.

Die Aufgabe des Vorgesetzten ist es, angemessene Vorsorge gegen unproduktive Konflikte zu treffen oder bereits vorhandene Konflikte mit Fingerspitzengefühl zu behandeln.

Ob die unmittelbaren Wirkungen und weiteren Folgen von Konflikten funktional oder dysfunktional im Hinblick auf ökonomische und soziale Zielkriterien sind, hängt vom Verhalten der Konfliktbeteiligten und von der Art, dem Verlauf und

Ergebnis der Konfliktregelung ab. Konflikte müssen nicht unbedingt destruktiv sein. Grundsätzlich ist (nach Carlisle) zwischen Vor- und Nachteilen von Konflikten abzuwägen und im Einzelfall auf ihre Relevanz und Gültigkeit zu Prüfen:

Vorteile:

- Konflikte sind eine Voraussetzung für den Wandel.

- Konflikte setzen Energie und Aktivität frei

- Konflikte fördern das Interesse, den Wissensdurst und Ideen.

- Konflikte zwischen Gruppen – so genannte Intergruppenkonflikte – fördern die Gruppenkohäsion (Zusammenhalt).

- Konflikte können zu einer Reduzierung von Spannungen führen.

Nachteile:

- Extreme Konflikte können zu Instabilität und Chaos führen

- Konflikte unterbrechen den Handlungsfluss und verändern die Organisation.

- Extreme Konflikte reduzieren das Vertrauen und verusachen emotioniale Verhaltensweisen.

Welche möglichen positiven (funktionalen) bzw. negativen (dysfunktionalen) Auswirkungen können nun daraus in wirtschaftlicher und sozialer Hinsicht abgeleitet werden?

Funktionale Konfliktwirkungen

- Das Problemverständnis, der Lösungsdruck und die Interaktionshäufigkeit steigen an.

- Die Lösungsqualität und die Anzahl innovativer Lösungen nehmen zu, ebenso die Anpassungsfähigkeit der Organisation. eine grundsätzliche Leistungssteigerung ist zu beobachten

- Die soziale Effizienz nimmt zu. Mitarbeiterbedürfnisse werden stärker berücksichtigt, was wiederum zur Verbesserung des Organisationsklimas beiträgt. Die Kooperationsfähigkeit wie auch die Konflikttoleranz können positiv beeinflusst werden.

Dysfunktionale Konfliktwirkungen

- Es können organisatorische und zwischenmenschliche Störungen auftreten.

- Die Kosten-Leistungs-Relation verschlechtert sich. Die Stabilität des organisatorischen Gefüges und die Einbindung einzelner oder ganzer Gruppen wird vermindert.

- Unter Umständen steigt die Frustration der Mitarbeiter, wodurch sich die sozialen Beziehungen verschlechtern und ein Ansteigen der psychischen und physischen Belastung festzustellen ist.

Wie Sie nun wissen, bestehen zwischen den einzelnen Auswirkungen vielfältige Ursachen-Wirkungs-Beziehungen. Worauf man Prüfen sollte, ob es sich tatsächlich um Mobbing, oder Betrieblichen Problemen bzw. Sozialen Konflikten handelt.

Gruppendynamik

Gruppeneigenschaften

Wie sich der Charakter jedes Individuums durch das Ausmaß bestimmt, in dem seine Eigenschaften ausgeprägt sind, so hat auch jede Gruppe einen eigenen Charakter, der durch das Ausmaß bestimmt wird, in dem sich Gruppeneigenschaften zeigen. Die Formulierung : „... Ausmaß, in dem ...“ suggeriert eine Messbarkeit. Viele Gruppeneigenschaften sind, wie sie sehen werden, in der Tat ziemlich genau zu messen, indem man feststellt, wie groß der Prozentsatz der Mitglieder ist, die diese Eigenschaft fördern. Gruppeneigenschaften entstehen in jeder Gruppe durch die Art des Zusammenarbeitens und durch die gehandhabten Normen und Werte.

Beim Beschreiben von Gruppeneigenschaften stoßen wir auf dasselbe Problem wie beim Feststellen von Charakterzügen bei Personen. Jeder postitive Charakterzug hat nämlich auch seinen negativen Gegenpol. So ist es auch mit Gruppeneigenschaften. Es sind eigentlich Qualitäten oder Verhaltensweisen, die nur dann etwas über den Charakter einer Gruppe sagen, wenn man angibt, wo die diesbezügliche Qualität auf einer auf einer vorgestellten Skala zwischen zwei entgegengesetzten Polen platziert werden müsste, z. B. die Gruppeneigenschaft

„Effizienz" (Leistungsfähigkeit). Der Satz „Diese Gruppe ist effizient" hat wenig Bedeutung. Setzen wir aber einen Maßstab in folgender weise an:

äußerst effizient 10 – 9 – 8- bis 0 äußerst ineffizient

dann können wir mithilfe dieser Skala die Ausmaße der Effizienz einer Gruppe ziemlich genau angeben. Bei der Beschreibung der nun folgenden Gruppeneigenschaften sollten Sie also immer diese Skala vor Augen haben.

Die wichtigsten Eigenschaften einer Gruppe sind:

1. Autonomie

„Autonomie" gibt an, ob eine Gruppe fähig ist, unabhängig von anderen Gruppen oder von einem ernannten Führer zu funktionieren. Es wird auch etwas darüber ausgesagt, wie man mit Kritik von außen umgehen kann. Wenn z. B. eine Fußballmannschaft schlecht spielt als Folge einer Krankheit des Trainers oder als Reaktion auf eine negative Kritik in der Presse, dann ist der Grad der Autonomie in der Mannschaft niedrig.

2. Kontrolle

„Kontrolle" beeinhaltet: die Erscheinung, dass Mitglieder einander beeinflussen und beurteilen und als Folge davon die individuelle Freiheit eines jeden beschränken. Wenn ein Kind Kleidung, die es selbst schön findet, nicht mehr anzuziehen wagt, weil die Schulkameraden die Kleidung „altmodisch" finden, ist der Grad der Kontrolle in der Klasse hoch.

3. Homogenität

Mit „Homogenität" wird angegeben, inwieweit die Auffassungen, Werturteile, Lebensweisen usw. der Gruppenmitglieder miteinander übereinstimmen.

Wenn alle Mitglieder einer Theatergruppe dieselbe Vorliebe für bestimmte Bühnenstücke, für dieselbe Art Humor usw. haben, ist in der Theatergruppe der Grad an Homogenität hoch.

4. Flexibilität

„Flexibilität" gibt die Anpassungsfähigkeit an, mit der unerwartete Geschehnisse, Enttäuschungen und Probleme aufgefangen und/oder gelöst werden.

Verliert ein Arbeiststeam in einem Betrieb sofort seine Motivation, weil seine Arbeitsresultate einmal enttäuschend sind, ist der Grad der Flexibilität des Arbeitsteams niedrig.

5. Kohäsion

Unter „Kohäsion" verstehen wir das Zusammengehörigkeitsgefühl. Wenn Mitglieder einer Ausbildungsgruppe in einer Polizeischule auf Kosten der anderen versuchen, sich zu profilieren um gute Beurteilungen zu bekommen, ist die Kohäsion der Gruppe niedrig.

6. Intimität

„Intimität" beinhaltet die Vertraulichkeit, das Teilen von persönlichen Erfahrungen, körperlicher Vertrautheit. Wenn in einer Wohngruppe die Mitglieder einander bei Krankheit versorgen, einander bei Trauer trösten, zusammen feiern usw., dann ist die Intimität der Gruppe groß.

7. Bezogenheit

„Bezogenheit" wird bestimmt durch die Menge an Zeit und Energie, die die Mitglieder freiwillig für die Gruppe verwenden. Wenn in dem Elternrat einer

Grundschule nur wenige Mitglieder bereit sind, sich für verschiedene Aktivitäten wie Weihnachtsfeiern, Schulreisen, Spieltage usw. einzusetzen, ist der Grad der Bezogenheit in der Gruppe niedrig.

8. Effizienz

„Effizienz" gibt an, ob eine Gruppe zielgenau, effektiv und schnell arbeiten kann. Wenn in einer Familie eine sinnvolle Aufgabenverteilung existiert, d. h. der Haushalt, die Urlaubsplanung, die Vorbereitungen für ein Fest usw. ohne viel Reibereien verlaufen, ist der Grad der Effizienz dieser Famile hoch.

9. Stabilität

„Stabilität" gibt das Ausmaß an, in dem eine Gruppe in ihrer Zielsetzung, der Arbeitsweise und der Normen stabil (gleich) bleibt. Wenn ein Kabinett ständig seine Pläne korrigiert, seine Zielsetzungen nicht einhält und seine Versprechen nicht wahr macht, ist die Stabilität dieser Gruppe niedrig.

10. Stratifikation

„Stratifikation" bedeutet wörtlich: Schlichtung. Als Gruppeneigenschaft deutet das auf das Ausmaß von Machtverhältnissen, das Ausmaß von Ungleichheit der Mitglieder in einer Gruppe hin. Die Stratifikation einer Gruppe ist sehr hoch, wenn es z. B. in einer Internatsgruppe einen autoritären Führertyp gibt, der das Geschehen bestimmt, dazu noch ein paar Unterführer existieren, die den Führer unterstützen, und der Rest der Gruppe aus so genannten Randfiguren besteht.

Praktische Anwendung

Wir können nicht allgemein sagen, dass ein hoher oder niedriger Grad einer bestimmten Eigenschaft etwas Positives oder etwas Negatives über eine Gruppe aussagt. Das spezifische Ziel einer Gruppe und die Bedürfnisse der Mitglieder bestimmen in starkem Maße, welche Eigenschaften fördernd oder gerade hinderlich für das gute Funktionieren einer Gruppe sind.

So wird es für eine Arbeitsgruppe in einem Betrieb z. B. günstig sein, wenn der Grad an Effizienz, Autonomie, Flexibilität und Stabilität hoch ist. Für eine Bastelgruppe dagegen ist vor allem ein hoher Grad an Eigenschaften wie Kohäsion, Intimität und Bezogenheit wichtig.

Wenn klar ist, was eine Gruppe will und wie sie arbeiten möchte bietet die Kenntnis der genannten Eigenschaften einer Gruppe die Möglichkeit, ziemlich genau die Stärken und die Schwächen einer Gruppe festzustellen. Bei Problemen hinstichtlich des Funktionierens der Gruppe kann man dann einfacher feststellen, wo Ursachen liegen und wie Probleme gelöst werden können.

Stellen Sie sich vor, dass die Beurteilung der Eigenschaften einer Gruppe von Freiwilligen, die in einem Jugendtreff arbeitet, anhand der beschriebenen Eigenschaften auf der Sechspunktskala folgendermaßen aussieht:

Autonomie	4
Kontrolle	2
Homogenität	6
Flexibilität	4
Kohäsion	1
Intimität	6
Bezogenheit	1
Effizienz	2
Stabilität	3
Stratifikation	1

Auch ohne etwas mehr von dieser Gruppe zu wissen, können wir uns anhand dieser Zahlen doch ein ziemlich klares Bild von der Atmosphäre und dem Funktionieren dieser Gruppe machen: Es muss eine Gruppe sein, in der die Mitglieder auf der Basis von Gleichwertigkeit demokratisch den Geschäftsgang regeln. Die Mitglieder sind miteinander sehr vertraut, ohne aber die persönliche Freiheit des anderen zu beeinträchtigen. Die Gruppe hat wenig bindende Normen und steht Änderungen ziemlich offen gegenüber. Sie scheint unerwarteten Geschehnissen und Enttäuschungen gut gewachsen zu sein, ist aber nur mäßig effizient im Realisieren ihrer Zielsetzungen.

Wahrscheinlich hängt Letzteres mit der Freiheit zusammen, die man einander lässt, bzw. mit der Gleichwertigkeit der Mitglieder untereinander. Dadurch könnten den Entscheidungen vielleicht lange demokratische Überlegungen vorausgehen.

Gruppenrollen

Gruppenrollen

Wenn eine Person regelmäßig diesselben Aufgaben übernimmt oder regelmäßig gleiche Beiträge zum Funktionieren einer Gruppe leistet, sprechen wir von einer Gruppenrolle. Hierbei gibt es wichtige und weniger wichtige Rollen.

Führungsrollen

Die am klarsten ins Auge springende Gruppenrolle ist natürlich die des Führers. Beim Führen müssen wir den Unterschied machen zwischen einer formellen und einer informellen Führerrolle.

Der formelle Führer ist jemand, der offiziell für diese Funktion ernannt worden ist; genaugenommen steht er über der Gruppe.

Der informelle Führer ist ein Gruppenmitglied, das auf die anderen Mitglieder einen starken Einfluss hat und einen so zentralen Platz in der Gruppe einnimmt, dass es die anderen Mitglieder stark bei Gruppenaktivitäten beeinflusst.

Manchmal gibt es in einer Gruppe zwei informelle Führer, einen in Bezug auf den thematischen Prozess

(Entwicklungen auf dem Gebiet der Gruppenzielsetzungen oder Themen) und einen in Bezug auf den reaktionalen Prozess (Entwicklungen auf dem Gebiet der gegenseitigen Beziehungen). Der thematische Führer entlehnt seine Macht seiner speziellen Sachkenntnis, Geschicklichkeit oder Tüchtigkeit auf dem Gebiet der Aktivitäten, die die Gruppe wahrnimmt. Der reaktionelle Führer verdankt seine Führungsrolle seiner Popularität, seiner sympatischen Ausstrahlung, seiner Fähigkeit, mit den Gruppenmitgliedern gute Beziehungen einzugehen, sie zu pflegen und gegenseitige Beziehungen zu stärken.

In Gruppen, in denen Aktivitäten verschiedener Art stattfinden, kann man beobachten, dass die informelle Führerrolle bei jeder Teilaktivität wechselt. Das Verhalten sowohl des formellen als auch des informellen Führers bestimmt in hohem Ausmaß die demokratische oder nichtdemokratische Sphäre und Struktur einer Gruppe.

Rollenverteilung einer Gruppe

In einer autoritär geführten Gruppe werden fast alle Aufgaben und Rollen durch den Führer selbst erfüllt.

In einer demokratisch geführten Gruppe aber können Führungsaufgaben zum Teil auch von Gruppenmitgliedern erfüllt werden.

Für eine gute Aufgaben- oder Rollenverteilung in einer Gruppe müssen zwei Bedingungen erfüllt werden:

- alle wichtigen Aufgaben müssen innerhalb einer flexiblen Gruppe erfüllbar sein,

- jedes Gruppenmitglied muss so gut wie möglich die Aufgaben erfüllen, die mit seinem Wesen und seinen Bedürfnissen übereinstimmen.

Negative Verhaltensweisen

Neben konstruktiven Rollen gibt es Verhaltensweisen, die nicht dem guten Funktionieren einer Gruppe dienen, sondern auf die Erfüllung von eigenen Bedürfnissen auf Kosten der Gruppe gerichtet sind. Wir können sie die negativen Rollen nennen:

Die herabsetzende Rolle:

setzt andere herab, missbilligt oft, fällt andere an, hält sturköpfig an seinen eigenen Ideen fest, ist übertrieben kritisch usw.

Die Bestätigung suchende Rolle:

verlangt viel Aufmerksamkeit, setzt sich selbst ständig in den Vordergrund, kämpft, um nicht in eine minderwertige Position gedrängt zu werden, akzeptiert keine einzige Art von Führung usw.

Die nicht-bezogene Rolle:

investiert wenig in die Gruppe, ist nachlässig mit Absprachen, kommt oft zu spät, umgeht mit Ausreden, Flausen oder Witzen eigene Verantwortung, ist zynisch anstatt enthuastisch usw.

Die (über-)beherrschende Rolle:

hört wenig auf andere, bringt Meinungen und Ideen auf autoritäre Art vor, verträgt keine Kritik usw.

Die hilfesuchende Rolle:

versucht Aufmerksamkeit zu erregen durch Gefühle der Abhängigkeit oder Unsicherheit.

Nahezu nie kommt es vor, dass die hier beschriebenen Rollen ausschließlich durch ein und dieselbe Person eingenommen werden. Jeder nimmt gelegentlich Teile von jeder Rolle ein, aber meistens ist doch in einer Gruppe deutlich, welche Funktion jeder in der Gruppe hat. Die meisten der genannten Rollen entstehen spontan, ohne dass etwas abgesprochen worden ist. Es kann passieren, dass hierdurch Ungleichheit in der Aufgabenverteilung oder Starrheit in der Aufgabenerfüllung entsteht. Es kann auch sein, dass jemand eine Rolle angenommen hat, die nicht oder nicht mehr mit seiner Art oder seinen Bedürfnissen übereinstimmt. In einem späteren Stadium ist es dann oft schwierig, davon wieder wegzukommen.

Deshalb ist es nützlich, dass die Rollenverteilung in einer Gruppe ab und zu wieder zur Diskussion gestellt wird und die Möglichkeit besteht, einiges zu ändern.

Die Outcast-Rolle

Eine spezielle Aufmerksamkeit verdient die Rolle des „Outcast", auch das „schwarze Schaf" oder Außenseiter genannt. In manchen Gruppierungen, gibt es Personen, die eine Verhaltenskomponente aufweisen, die nicht völlig ernst genommen wird, und die daher im Mittelpunkt des Spottes stehen.

Outsider leiden meist an einer neurotischen Form von Aggression und haben ein geringes Selbstwertgefühl. Auch diejenigen, die einen Mangel an Selbstvertrauen und unsicheres Verhalten aufweisen, können in einer Gruppe die Rolle des „schwarzen Schafes" zugeteilt bekommen. Wenn man diese genannten Verhaltensweisen aufweist, kann man sozusagen dazu „prädestiniert" (vorherbestimmt) sein, in Gruppen der Outcast zu werden.

Einen Outcast aus einer Gruppe zu entfernen hat also meistens für die Person selbst wenig Sinn, da sie in einer anderen Gruppe auch wieder schnell in eine Outcast-Rolle hineingeraten wird.

Aus Gruppendynamischer Sicht betrachtet kann man sagen, dass der Outcast für die Gruppe eine „nützliche" Funktion erfüllt. Er erfüllt dann – wenn er sich einmal in der Gruppe befindet – die Funktion des „Sündenbocks". Die anderen Gruppenmitglieder (ge-)brauchen ihn, um ihre Unzufriedenheit, ihre Aggression, ihre Ohnmacht und ihre Schuldgefühle abzureagieren. Hierdurch hat eine eventuelle Entfernung oder die Abreise eine Outcasts aus einer Gruppe oft zur Folge, dass Spannungen entstehen. Nicht allein deshalb, weil kein „Sündenbock" mehr da ist, an dem man seine Spannungen abreagieren kann, sondern auch, weil eine „Sündenbock-Rolle" in der Gruppe entstanden ist, die nun vakant (frei) ist. Jeder wird also auf der Hut sein, um nicht in die Outcast-Rolle hineinzugeraten, was wieder Spannungen hervorrufen kann.

Gruppen in der Organisation

Abteilungen und Aufteilungen

In den meisten Organisationen existieren verschiedene Abteilungen, die ihre eigenen Aufgaben haben. Teamwork ist daher meistens eine der Voraussetzungen für das gute Funtionieren der Organisation. Die einzelnen Abteilungen haben viel Einfluss auf die Mitglieder ihrer Gruppe, auf andere Gruppen, aber auch auf die Organisation als Ganzes.

Die Zielsetzungen der Organisation z. B. 10 tsd. Autos pro Jahr zu liefern, kann nur durch eine sinnvolle Verteilung der Aufgaben erreicht werden. So entstehen in der Organisation Gruppen mit eigenen Aufgaben und Verantwortungen. Arbeitsteilung ist also ein wichtiges Kennzeichen der Organisation.

Verschiedene Gruppenformen

Auch in der Organisation gibt es formelle und informelle Gruppen. Formelle Gruppen haben die Aufgabe, der Zielsetzung der Organisation nachzustreben. Das sind z. B. die Verkaufsabteilung, das Direktionsteam usw.

Meistens hat ein Arbeitnehmer nicht ausschließlich nur mit Mitgliedern der formellen Gruppe, zu der er gehört, Kontakt, sondern auch mit Mitgliedern anderer formeller Gruppen. Diese letztgenannten Kontakte sind oft persönlicher Art. Man geht kameradschaftlich miteinander um. ein Skatclub ist ein Beispiel für eine solche informelle Gruppe, weil die Mitglieder nicht den Zielsetzungen der Organisation oder dem Verein nachstreben und die Gruppe nicht in die Machtstruktur der Organisation oder dem Verein mit einbezogen worden sind.

Meistens haben die Mitglieder einer informellen Gruppe ungefähr denselben „Rang" in der Organisation. Solche Gruppen werden horizontale informelle Gruppen genannt. doch es gibt auch vertikale informelle Gruppen. Diese Gruppen bestehen aus Menschen mit verschiedenen Positionen oder Rängen innerhalb der Organisation. so eine Gruppe kann z. B. aus einigen Produktionsmitarbeitern, Abteilungsleitern und Direktoren bestehen. Solche Gruppen können entstehen, weil sich Arbeitnehmer aus verschiedenen Schichten der Organisation besser kennen lernen wollen. Es kann auch sein, dass sich diese Gruppenmitglieder bereits persönlich kennen, weil sie z. B. dem gleichen Verein angehören.

Soziale Kontakte

Eine moderne Organisation wird das Entstehen von informellen Gruppen stimulieren (anregen). Die Organisation beweist damit nämlich, dass die Arbeitnehmer mehr sind als ein Rad in der Maschinerie der Organisation. Man begreift, dass der Mensch ein soziales Wesen ist und daher auch ein Bedürfnis nach sozialen Kontakten hat, die auch einen Beitrag für die persönliche Entfaltung liefern können.

Entfremdung

Wir beleuchten kurz den Begriff Entfremdung. Entfremdung bedeutet, dass Menschen sich untereinander oder ihrer Umgebung entfremdet fühlen. Sie sind nicht mehr aufeinander bezogen oder die Umgebung kommt ihnen unvertraut vor.

Entfremdung nach Karl Marx

Der Begriff „Entfremdung" ist zum ersten Mal von Karl Marx (1818-1883) benutzt worden. Nach Marx sind die Arbeiter im kapitalistischen, industriellen Zeitalter dem Endprodukt, der Arbeit und sich selbst entfremdet.

Früher konnten die Menschen für ihren eigenen Lebensunterhalt sorgen: Was sie nötig hatten, machten sie selbst. Man konnte selbst entscheiden, was man mit diesen Produkten machte, ob man sie z. B. für den eigenen Gebrauch oder zum Tauschhandel einsetzte.

Die Arbeiter heutzutage haben nicht mehr über die Endprodukte zu bestimmen. Diese werden mit Gewinn verkauft, und als Gegenleistung für deren Produktion empfängt der Arbeiter seinen Lohn. Der Arbeitnehmer ist also seinem Endprodukt entfremdet und damit auch seiner Arbeit. Die Arbeit hat etwas Unpersönliches bekommen, denn man arbeitet nicht auf ein Produkt hin, das man selbst gebrauchen oder tauschen kann. Nach Marx werden die Arbeiter in ihrer Arbeit dadurch nicht bestätigt und können sich nicht glücklich fühlen. Sie arbeiten jeden Tag: nicht für sich selbst, sondern für den Chef. Nur wenn sie wieder zuhause sind, können sie erneut das Gefühl bekommen, sie selbst zu sein. Weil der Arbeiter in seiner Arbeit nicht er selbst sein kann, entfremdet er sich auch von sich selbst. Entfremdung hat somit, laut Marx, mit Machtlosigkeit, Sinnlosigkeit und Isolation zu tun.

Machtlosigkeit

Der Arbeiter hat kaum einen Einfluss auf seine Situation, auf die Arbeitsumstände und auf die Politik der Organisation.

Heute kann er auf indirektem Weg, d. h. über die Gewerkschaft, einigen Einfluss ausüben.

Sinnlosigkeit

Der Arbeiter hat keine Einsicht mehr in den Zweck seiner Arbeit. Er hat nur Einsicht in einen kleinen Teil des Ganzen. Das gilt vor allem für Arbeiter in großen Betrieben. Am Ende des Produktionsprozesses hat er das Produkt aus den Augen verloren. Was weiter damit passiert, kann er nur vermuten. Dadurch entgeht dem Arbeiter der Sinn seiner Arbeit.

Isolation

Als Folge der genannten Vorstellungen von Marx kann sich ein Arbeiter nicht als Teil des ganzen fühlen. Dadurch kann er sich auch nicht mit der Gesamtorganisation identifizieren. Der große Betrieb ist zu unpersönlich geworden, um sich darin persönlich einbezogen zu fühlen.

Sozialisation und Nicht- Anpassung

Sozialisation und (Nicht-)Anpassung

In der Kommunikation sind bislang zwei Richtungen sichtbar geworden:

1. Das Individuum gegenüber einem anderen Individuum

2. Das Individuum gegenüber einer Gruppe oder als Mitglied einer Gruppe

Nun gibt es noch eine dritte Richtung

3. Das Individuum gegenüber der Gesellschaft oder als Mitglied der Gesellschaft

Das Individuum als Mitglied der Gesellschaft

In jeder Gesellschaft sind zahllose Gruppen verschiedener Art zu unterscheiden. Wie unterschiedlich jedoch die Gruppen auch sein mögen, so kann doch von jeder Gruppe gesagt werden, dass sie mehr ist als nur eine Ansammlung von Menschen. Die Mitglieder einer Gruppe sind voneinander abhängig, wenn sie ein bestimmtes Ziel erreichen wollen. So streben Arbeitgeber und Arbeitnehmer einer Autofabrik z. B. gemeinsam danach, eine festgelegte Zahl Autos pro Jahr zu produzieren.

Um ein bestimmtes Ziel erreichen zu können, ist eine gute Zusammenarbeit erforderlich, aber auch eine angenehme Atmosphäre und eine klare Struktur.

Struktur

Mit „Struktur" ist hier an erster Stelle gemeint, dass jedes Gruppenmitglied eine deutlich umschriebene Aufgabe oder Funktion hat: Alle Gruppenmitglieder wissen, was voneinander erwartet werden kann.

An zweiter Stelle verweist der Begriff „Struktur" auf Regeln und Vorschriften, die gehandhabt werden, um klarzustellen, was erlaubt ist.

Die Armee ist ein Beispiel für eine Gruppe mit einer sehr klaren Struktur. Es eine straffe Aufgabenverteilung. Es gelten zahlreiche Regeln und Vorschriften.

Eine Reisegesellschaft ist ein typisches Beispiel für eine Gruppe mit wenig Struktur. Es gibt wenig Regeln; es fehlt eine deutliche Aufgabenabgrenzung.

Die Regeln, Auffassungen und Überzeugungen, die in jeder Gruppe bestehen, haben einen großen Einfluss und auf die Persönlichkeitsentwicklung der Mitglieder. Von den individuellen Gruppenmitgliedern wird erwartet, dass sie sich an die Regeln halten, sich an die allgemein geltenden Auffassungen anpassen bzw. sich diese Auffassungen zu eigen machen.

Jeder Mensch ist ein Teil der Gesellschaft. Auch innerhalb der Gesellschaft gelten viele Vorschriften. Es gibt Regeln, die Einfluss auf jedes Mitglied der Gesellschaft haben. Dieser Prozess der Beeinflussung, bei dem jedes Individuum ständig vor der Wahl steht, sich frei- oder unfreiwillig, ganz oder nur zum Teil anzupassen wird Sozialisationsprozess genannt. Man versteht darunter die Anpassung, die Einordnung des Individuums in die Normen, Werte und Verhaltensstandards einer Gesellschaft. Das bedeutet für jeden Einzelnen, seinen Platz in der Gesellschaft zu finden und seine Rolle innerhalb der Gesellschaft zu spielen.

Normen , Werte

Diese drei Begriffe sind innerhalb des Sozialisationsprozesses von großer Bedeutung, deshalb gehe ich näher darauf ein.

Normen

Jede Gruppe hat ihre eigenen Normen (Verhaltensregeln), die angeben, welches Verhalten in einer bestimmten Situation erwartet wird, z. B. wie spät gegessen wird, wie mit Besitz von anderen umgegangen werden muss, wie die Arbeit verteilt wird usw. Im täglichen Leben sind wir uns nicht so klar aller Normen bewusst, die unser Verhalten beeinflussen. Das ist auch nicht möglich, denn es gibt in jeder Gesellschaft zu viele Normen, um sie in jedem Moment bewusst vor Augen zu haben.

Formelle und informelle Normen

In jeder Gruppe gibt es neben einer Zahl offizieller Vorschriften auch viele unausgesprochene Regeln, so genannte informelle Normen. Die Tatsache findet sich auch in der Gesellschaft.

Die formellen Normen der Gesellschaft sind die Verhaltensregeln, die auf die eine oder andere Art offiziell festgelegt worden und in einem Gesetzbuch, einem Regelwerk oder dergleichen für jedermann nachzulesen sind.

Es gibt aber in jeder Gesellschaft auch zahllose informelle Normen, die nirgends eindeutig festgelegt sind. Diese Normen geben nicht an, dass etwas erlaubt oder verboten ist, sondern bestimmen, dass „sich etwas nicht gehört", „dass man so etwas nicht tut". Man geht nicht mitten auf der Straße und singt laut. Das gehört sich nicht. Man fragt nicht den Schalterbeamten, bei dem man eine Fahrkarte bestellt, ob er gut geschlafen hat. Lebt man in einer bestimmten Gesellschaft, wird man diese informellen Normen fühlen oder entdecken.

Sanktionen

Wo Normen bestehen, gibt es auch Sanktionen (Zwangsmittel, Strafen). Es wird immer Menschen geben, die mit den geltenden Normen nicht einverstanden sind, sie ignorieren oder sich weigern, sich an diese Regeln zu halten. Sie zeigen „abweichendes" Verhalten oder verkünden Auffassungen, die nicht mit den Normen einer Gruppe oder der Gesellschaft übereinstimmen. In den meisten Gruppen, sicher aber in jeder Gesellschaft, wird man versuchen, diese Personen durch Sanktionen wieder zum Funktionieren zu bringen. Abweichendes Vehalten hat nämlich einen mehr oder weniger bedrohlichen Charakter für jede Gruppe und auch für die Gesellschaft. Dieses Verhalten bringt die Gruppe, bzw. Gesellschaft, ihre Ordnung, ihr Bestehen in Gefahr.

Welche Sanktionen angwandt werden, hängt von verschiedenen Faktoren ab. Für die formellen Normen gibt es auch formelle Sanktionen. Für die informellen Normen werden auch informelle Sanktionen angwandt, z. B. das Negieren von jemanden, der sich unanständig verhält, oder diesen Menschen gerade am Arbeitsplatz durch Mobbing zu schaden.

Vorteile von abweichendem Verhalten

A bweichendes Verhalten wird meistens als negativ betrachtet. Doch kann es auch eine wichtige positive Bedeutung für die Gesellschaft haben. Durch nicht angepasstes Verhalten von einigen Personen kann sich in der Gesellschaft langsam das Bewusstsein entwickeln, dass bestimmte Normen erstarrt, zu traditionell, überholt usw. sind. Solche Normen passen eigentlich nicht mehr in die Zeit und bedürfen dringend einer Erneuerung. Die Gesellschaft als Ganzes ist aber von Natur aus eher traditionsgebunden und ändert bestehende Normen nicht einfach ab.

Deshalb sind solche Menschen wichtig, die bestehenden Normen auch zu kritisieren und zu übertreten wagen. Andere werden dadurch wachgerüttelt und werden sich der Sinnlosigkeit bestimmter Verhaltensregeln bewusst.

Werte

D ie Begriffe „Normen" und „Werte" werden oft in einem Atemzug genannt, ohne die präzise Bedeutung dieser Worte zu kennen.

Werte sind keine konkreten Verhaltensregeln wie Normen. Werte sind abstrakt; es sind allgemeine Prinzipien, auf die in einer bestimmten Gesellschaft Wert gelegt wird. Sie werden allgemein als erstrebenswert empfunden. Dabei können wir z. B. an demokratische Gesinnung, Freiheit der Meinungsäußerung, Zusammengehörigkeit, Kunst oder materiellen Wohlstand, Besitz von Macht usw. denken.

Der Grund, dass Werte oft mit Normen in einem Atemzug genannt werden, liegt darin, dass Werte und Normen eng miteinander verbunden sind. Um Werten Form und Inhalt zu geben, sind nämlich Verhaltensregeln nötig, die uns zeigen, wie wir nach bestimmten Werten leben können.

Normen können also auch als Konkretisierungen von Werten aufgefasst werden. Sie geben ganz konkret an, wie nach bestimmten Werten gelebt werden soll.

Der Sozialisationsprozess

Wie bereits gesagt, muss sich jeder Mensch mehr oder weniger an die in einer Gruppe geltenden Normen und Werte anpassen. Das gilt noch stärker für die in der Gesellschaft geltenden Normen, weil man, auch bei Widerwillen, dazugehört und nur schwer austreten kann. Das ist wohl bei vielen Gruppen nur möglich, wenn man sich nicht mit den dort herrschenden Normen und Werten einverstanden erklären kann.

Anpassung ist ein Lernprozess, der in der Psychologie Sozialisationsprozess genannt wird. Seine Theorie ist sowohl auf jede Gruppe als auch auf die Gesellschaft anwendbar:

Der Mensch ist ein soziales Wesen. Das beinhaltet u. a., dass er in bestimmte Gruppen aufgenommen und respektiert werden will. Aus Angst vor Abweisung und Isolation durch die Mitglieder einer Gruppe sind Menschen im Allgemeinen geneigt, sich den gängigen Regeln anzupassen und die herrschenden Meinungen und Überzeugungen zu übernehmen. Nicht akzeptiert oder ausgeschlossen zu werden ist sehr unangenehm und beängstigend und kann das Selbstwertgefühl negativ beeinflussen. Diese Anpassung kann durch zweierlei Vorgehen erfolgen:

- Konformität

- Identifikation

Konformität und Identifikation

Wir sprechen von Konformität, wenn man angepasstes Verhalten zeigt, ohne eine positive Einstellung hinsichtlich der herrschenden Normen und Werte zu entwickeln. Diese Anpassung findet ausschließlich statt, um nicht aufzufallen und um Konflikten mit anderen aus dem Weg zu gehen.

Konformität hat darum für viele Menschen eine negative Bedeutung, denn es beinhaltet oft auch, dass jemand sich nicht traut, er selbst zu sein. Man gibt etwas von seiner eigenen Identität her, um in die Gruppe aufgenommen zu werden.

Aber wer kann von sich schon behaupten, dass er überall und immer er selbst ist? Man müsste sich selbst ganz genau kennen und genau wissen, wer man wirklich ist. Das ist eine fast unmögliche Aufgabe, denn wir haben keine abgeschlossene Entwicklung hinter uns, sondern sind immer „in der Enstehung" begriffen. Es gibt immer etwas zu lernen, es gibt immer Anlass, seine Ansichten zu ändern, es gibt immer Dinge, von denen wir noch keine klare Meinung haben. Mit anderen Worten: Es gibt immer eine Entwicklung, die wir noch vor uns haben.

Wir werden uns daher wohl oft konform verhalten müssen, alleine schon aus Mangel an Kenntnis oder Einblick. Wir passen uns dann in unserem Verhalten an. In einem späteren Stadium ist Anpassung aus eigener Überzeugung vielleicht möglich. Oder aber wir entschließen uns, uns nicht länger anzupassen. Konformität behindert natürlich die Entwicklung der eigenen Identität, wenn man sich nie traut, eine abweichende Meinung zu äußern oder wenn man sich immer anpasst.

Man spricht von Identifikation, wenn man angepasstes Verhalten aus einer positiven Einstellung gegenüber den herrschenden Normen und Werten heraus zeigt. Man macht diese dann zu seinen eigenen Normen und Werten, zu seinem „persönlichen Eigentum", man steht völlig dahinter, mit anderen Worten: Man identifiziert sich damit.

Konflikte

Konflikte

Nichts ist schwerer zu ertragen als eine Reihe von schönen konfliktfreien Tagen.

(verändert nach J.W. von Goethe)

Konfliktfähigkeit und Konfliktkompetenz sind populäre Wörter. Workshops und Seminare zu diesen Themen werden häufig nachgefragt. Meist sollen sich dann „die anderen" oder die Mitarbeiter Konfliktfähigkeit aneigenen. Wenn andere sich ändern sollen, wird dadurch manchmal nur ein gesellschaftliches oder unternehmensinternes strukturelles Problem personalisiert: Dann sollen sich Personen ändern, und sie sollen lernen, mit ihren Konflikten und Problemen umzugehen. Die Auftraggeber solcher Seminare sparen andere Perspektiven dann aus.

Zahlreiche Bücher beschäftigen sich mit der neuen Schlüsselkompetenz Konfliktmanagement. Das Thema ist aber nicht neu: Kämpfe, Kampfrethorik, Kriege, Wettkämpfe, Konkurrenz, familiäre und persönliche Fehden, Mobbing, häusliche Gewalt – all dies gab es schon vor langer Zeit und gibt es auch noch heute. Konflikte entstehen auch nicht häufiger als früher, in einer modernen Welt mit Generationenmix, Ethnomix, Veränderung von Objekt- und Subjektsphäre. Das sind nur neue Zündpunkte für das Phänomen Konflikt. Das Thema ist also sehr alt und war schon immer da. Wichtig ist es jedoch trotzdem, denn schwelende und falsch ausgetragene Konflikte binden viel Energie, die woanders effektiver genutzt werden kann.

Durch die Erkenntnisse der Psychologie, der Soziologie und durch unsere moderne Bildungsstruktur haben wir heute einen tieferen, schnelleren und breiteren Zugang zu diesem Thema. Und wir beziehen heute auch innere Konflikte in unsere Betrachtung mit ein, wo früher der Schwerpunkt meist auf Konflikte in und mit der Außenwelt gelegt wurde.

Eines ist aber wichtig: Eine Welt ohne innere und äußere Konflikte wird es nicht geben; das widerspräche unseren biologischen Wurzeln. Es geht auch nicht darum, größtmögliche Friedfertigkeit oder Seelenruhe zu erlangen.

Konflikte sind überall in uns und um uns. Sie können lästig sein durch ihre Treue und Allgegenwärtigkeit; sie können aber auch freundlich und lehrreich sein, indem sie uns Wahrheiten über unser Innerstes und unsere Stellung zu anderen Menschen sagen. Wir haben heute die Möglichkeiten, diese „lehrreichen Freundlichkeiten" anzuschauen, daraus zu lernen und unser Handeln zu verändern.

Wenn gleichzeitig Tendenzen (Wünsche, Bedürfnisse, Ziele, Entscheidungen, Handlungen usw.) aufeinander treffen, die unvermeidbar scheinen, liegt ein Konflikt vor. Dabei empfinden wir einen Handlungs- oder Lösungsdruck.

Konflikt-Ursachen nehmen immer ihren Ausgangspunkt im subjektiven Erleben eines Menschen oder einer Menschengruppe. Es handelt sich somit nicht um Wahrheiten, sondern um individuelle oder soziale Konstrukte der Wirklichkeit.

Konfliktfähigkeit

Konfliktfähigkeit bezieht sich oft auf zwischenmenschliche Konflikte; sie zeigt sich in der direkten Auseinandersetzung mit dem Konflikt. Es nutzt also wenig, wenn wir lediglich Wissen oder Modelle über Konflikte zu erwerben, erst unser kompetentes Handeln im Konflikt ist Konfliktfähigkeit.

Zwischenmenschliche Konflikte

Interpersonelle Konflikte liegen vor, wenn wenigstens zwei Personen eine Unvereinbarkeit im Fühlen, Meinen, Handeln, Denken oder Wollen haben. Zwischenmenschliche Konflikte haben jedoch auch etwas mit dem eigenen Selbstbild zu tun: Wenn Sie meinen oder wissen, dass eine andere Person Sie anders sieht, wenn sie Sie nicht bestätigt, wenn sie Ihre Rollendifferenzierung beschneidet, Ihre Individuation behindert, Ihnen Minderwertigkeitsgefühle einflößt ..., dann haben Sie ein Problem mit dieser Person. Auch zwischenmenschliche Probleme haben also ihre Wurzeln in den tiefenpsychologischen Modellen. Und sie können ebenso bewusst, bewusstseinsnah und unbewusst sein. Auch hier sind die Übergänge wieder fließend, was die Bewusstheit und auch die Abgrenzung zu inneren Konflikten oder Gruppenkonflikten anbelangt.

Menschen haben ein feines Gespür dafür, ob ein Konflikt mit einem anderen Menschen vorliegt. Auch Menschen in unserem näheren Umfeld, die uns kennen und vielleicht auch Mitglied in der gleichen Gruppe sind (Team, Abteilung usw.), nehmen gewöhnlich wahr, dass etwas in der Luft liegt. Für außenstehende Beobachter dagegen ist das schwieriger zu erkennen.

Welche beobachtbaren Veränderungen treten auf, wenn zwei Menschen einen Konflikt verspüren? Hier einige Beispiele:

- Sie vermeiden den Kontakt, gehen sich aus dem Weg, schauen sich kaum noch an und nehmen selten Blickkontakt auf

- Sie nehmen starren Blickkontakt auf und zeigen eine aggressive Mimik.

- Sie sind betont freundlich und überkorrekt.

- Sie sind mehr denn je auf die normale Arbeit konzentriert.

- Sie wenden ihre Körper voneinander ab.

- Sie wenden ihre Körper drohend einander zu.

- Sie reden leiser oder lauter.

Viele dieser beobachtbaren Veränderungen passen zu den bereits früher beschriebenen Reaktionsmustern:

Flucht (abwenden) – Augen zu/Verleugnen (überkorrekt, auf die Arbeit konzentriert) – Angriff (starrer Blick, körperliche Drohgebärden).

Zwischenmenschliche Konflikte liegen hier zwar Nachweisbar vor, sind aber selten der Auslöser von Mobbing.

Persönliche psychische Störungen

Krankheitsbilder der psychischen Störungen

Neben Gruppendynamik, Organisationspsychologie den Betrieblichen Anforderungen usw., welche wir bisher Beschildert haben, gibt es aber auch noch die persönlichen Störungen.

Diese gelten im Sinne der WHO (Weltgesundheitsorganistion) als klinische Krankheitsbilder.

Psychische Störungen sind z. B.:

- Neurosen

- Depressionen

- Persönlichkeitsstörungen im allg. Sinne

Da dieses Themengebiet sehr ausgeweitet ist und wie beschrieben zum klinischen Krankheitsbild gehört, werde ich in diesem Buch nicht näher darauf eingehen. Diese Menschen befinden sich meist in ärztlicher Behandlung.

Durch diese Krankheitsbilder, grenzen sich diese Menschen meistens selbst von der Außenwelt ab, erledigen ihre Aufgaben. Sie sind meist sehr Sensibel, Aggressiv, Ängstlich und vorallem leicht zu Verletzen.

Sie fühlen sich als Außenseiter, haben Minderwertigkeitskomplexe oder kein bzw. nur geringes Selbstwertgefühl.

Hierdurch fühlen sich die Menschen, durch ihr eigenes Verhalten eher und einfacher als „gemobbt", wobei man hier diesbezüglich definitiv nicht von Mobbing reden sollte.

Nachwort

Sehr geehrte Leserin ,
sehr geehrter Leser ,

Nun sind Sie am Ende dieses kleinen Ratgebers angelangt. Ich hoffe, ich konnte Ihnen einen vielleicht anderen Einblick in den Sachverhalt des Mobbings geben. Jetzt können Sie entscheiden, ob es sich tatsächlich um Mobbing handelt, oder es sich weitaus um andere noch nicht berücksichtigte Sozialpsychologischen, Organisations-, oder anderen Menschlichen Aspekten handelt.

Ihr Jörg Bernhard

Literaturverzeichnis

Berkel, K.
Bröckermann, Reiner
Fabian-Schneider, Carola
Frieling, E. & Sonntag, K.
Hentze, Joachim
Hobmair, H.
Mauch, G. Wolfgang
Migge, Björn Dr.
Schuler, H.

Herstellung und Verlag:

BoD- Books on Demand, Norderstedt

ISBN: 978-3-7528-7807-3